나도 차별받지 않을 권리가 있어요!

초판 1쇄 발행 2025년 4월 1일

지은이 이기규
그린이 홍지혜
펴낸이 진영수
디자인 김세라

펴낸곳 영수책방
        출판등록 2021년 2월 8일 제 2022-000024호
        전화 070-8778-8424 | 팩스 02-6499-2123 | 전자우편 sisyphos26@gmail.com
        홈페이지 ysbooks.co.kr

ⓒ 이기규·홍지혜 2025
ISBN 979-11-93759-05-9 73300

* 잘못된 책은 구입처에서 교환하여 드립니다.
* 이 책은 저작권법에 따라 보호받는 저작물이므로 무단 전재와 무단 복제를 금지하며,
  이 책 내용의 전부 또는 일부를 이용하려면 저작권자와 영수책방의 동의를 받아야 합니다.

어린이제품안전특별법에 의한 제품표시
제조자명 영수책방 **제조국명** 대한민국 **사용연령** 만 8세 이상 어린이 제품

처음 읽는 어린이 인권

나도 차별받지 않을 권리가 있어요!

이기규 지음 | 홍지혜 그림

영수책방

작가의 말

　학교에서 학생들과 생활하다 보면 "이건 인권 침해야!" 라고 말하는 학생들을 종종 볼 수 있어요. 예전에 제가 초등학생이었을 때만 해도 들을 수 없던 말이었죠. 그때 는 어른들의 말은 무조건 따라야 하고 잘못된 일도 참아 야 한다고 배웠어요. 하지만 이제는 교과서에서도 인권을 배우고 있어요. 그리고 어린이의 인권에 대해서도 더욱 민감해졌죠.
　그런데도 여전히 아쉬운 점이 있습니다. 어린이 인권은 중요해졌지만 어린이들이 인권에 대해서 잘 모른다는 점 이에요. 인권과 관련 없는 부분에 인권을 엮어 이야기하 거나 다른 사람의 인권 문제에는 관심을 갖지 않는 경우가 많습니다.

　그래서 이 책은 어린이가 인권에 대해서 좀 더 깊이 들여다보고 나와 친구의 인권을 위해 당당히 목소리를 가질 수 있기를 바라는 마음으로 만들었습니다. 인권의 뜻과 종류는 물론 어린이가 누려야 할 인권에 대한 이야기도 담았습니다. 인권을 보장받기 위해 무엇을 실천할 수 있는지도 포함하고요.

　이 책을 읽으면서 나와 주변 사람들의 인권을 소중히 여기는 어린이가 되기를 바랍니다. 그리고 인권 문제를 해결하기 위해 생각과 힘을 모을 줄 알면 좋겠습니다. 지금 우리가 인권을 보장받을 수 있게 된 것도 과거 힘을 모았던 사람들의 노력 덕분이었다는 것을 잊지 말고 인권을 위해 당당하기를 기대해 봅니다.

차 례

누구에게나 인권은 있어요

인권이 도대체 뭐예요? •10

범죄자에게도 인권이 있다고요? •17

인권은 다른 모든 가치보다 중요할까요? •22

인권에도 순서가 있을까요? •26

✗ 세계인의 약속, 세계 인권 선언문 •31

인권에는 어떤 권리가 있을까요?

누구에게도 침해받지 않을 권리, 자유권 •34

인간다운 생활을 보장받을 권리, 사회권 •40

좋은 환경에서 살아갈 권리, 환경권 •46

사라지거나 새로 생기는 권리도 있을까요? •50

✗ 인권의 역사는 얼마나 오래됐을까? •54

그것도 차별이에요!

다르다고 차별해도 될까요? • 58

어리다고 차별하면 안 돼요 • 63

다양한 성을 인정해야 해요 • 69

가난하다고 차별하면 안 돼요 • 74

장애가 장벽이 되어선 안 돼요 • 80

피부색이 다르다고 차별하면 안 돼요 • 85

 혐오 표현이 뭘까? • 89

어린이에게도 권리가 있어요!

나에게도 사생활이 있어요 • 92

나도 공부하고 쉬고 놀 시간을 정할 수 있어요 • 97

나도 할 말이 있어요 • 102

말도 폭력이 돼요 • 107

 유엔 아동 권리 협약은 무엇일까? • 111

 인권 문제, 이렇게 해결해요! • 112

누구에게나
인권은 있어요

 인권이 도대체 뭐예요?

"인권을 보장하라!"

여러분은 텔레비전이나 인터넷 영상에서 이와 같은 말을 외치는 사람들을 본 적이 있을 것입니다.

여기서 말하는 인권이란 도대체 무엇일까요? 인권이란 말을 예전에는 거의 사용하지 않았습니다. 먼 옛날 조선 시대에는 인권이란 말을 쓰는 사람이 아예 없었죠. 하지만 오늘날 인권이란 말은 사람들이 흔히 사용하는 말 중 하나가 되어 가고 있습니다. 많은 사람이 사용하고 있지만 사실 인권이란 말은 여전히 좀 어려워요. 여러분은 인권이 무슨 뜻인지 자신 있게 말할 수 있나요? 인권은 무엇일까요?

"인권은 인간의 권리를 말하는 거 아닌가요?"

이렇게 자신 있게 대답하는 친구들도 있을 것입니다. 맞아요. 인권이란 말을 사전에서 찾아보면 "인간으로서 마땅히 누려야 할 기본적인 권리"라고 쓰여 있으니까요. 그 대답대로 인권은 '인간의 권리'를 나타냅니다. 하지만 이 말로는 인권을 제대로 이해하기에 좀 부족합니다. 인간의 권리에는 무엇이 있고 인권은 어떤 특징이 있는지 등을 알아야만 인권이 무엇인지 제대로 이해할 수 있거든요.

인권은 인간의 권리라고 합니다. 여기서 권리는 무엇일까요? 권리는 무엇을 할 수 있는 힘을 말합니다. 하지만 모든 힘이 권리는 아닙니다. 예를 들어 볼까요?

우리 반에서 가장 힘이 센 동철이는 교실에서 자기가 하고 싶은 것을 마음껏 합니다. 급식 시간에 자기가 좋아하는 반찬이 있으면 다른 친구의 것도 뺏어 먹고 자기 숙제를 친구들에게 억지로 시킵니다. 동철이의 이 힘은 권리일까요? 당연히 아닙니다. 권리는 정당하게 사용할 수 있는 힘을 말하는데, 동철이의 힘은 학생들이 민주적으로 만든 학급 규칙에 따라 주어진 것이 아니라 자기 마음대로 만든 것이기 때문입니다. 이런 힘은 권리가 아니라 폭력입니다. 그와 반대로 인권은 제도나 법을 통해 정당하게 사용할 수 있는 힘입니다.

권리는 정당한 대가를 치르거나 조건에 맞아야 얻는 힘입니다.

만약 우리 반 동철이가 슈퍼마켓에 가서 돈도 내지 않고 아이스크림을 먹고 있다면 어떨까요? 주인은 분명히 동철이를 경찰에 신고할 것입니다. 왜냐고요? 슈퍼마켓에서 아이스크림을 먹기 전에 우리는 먼저 슈퍼마켓 주인에게 돈을 내거나, 주인의 허락을 구해야 하기 때문입니다. 돈을 내지도 않고 허락도 구하지 않은 상태에서 마음대로 슈퍼마켓에 있는 아이스크림을 먹을 수 있는 사람은 없습니다. 권리도 마찬가지입니다. 권리를 누리기 위해서

도 정당한 대가나 조건이 필요합니다. 이것을 따로 의무라고 부르는데, 권리를 누리기 위해서는 그에 합당한 의무를 다해야 합니다. 권리는 의무를 다해야만 얻는 힘이기 때문입니다.

그럼 '인간의 권리'인 인권에도 의무가 있을까요? 아니요. 인권을 누리는 데 필요한 의무는 없습니다. 왜냐고요? 인권은 사람이라면 누구나 누릴 수 있는 권리이기 때문입니다. 인권을 누릴 조건은 사람이냐 아니냐 단 한 가지뿐입니다. 그래서 우리 집에 사는 강아지는 인권을 가지지 않지만, 세상의 모든 사람은 모두 예외 없이 인권을 누릴 수 있습니다. 사람이기 때문에 여러분과 나는 인권을 가지고 있고, 그것은 법과 제도로 보장받아야 할 세계 모든 사람이 누릴 권리입니다.

"그럼, 누구나 인권이 있으니, 수업 시간에 마음대로 떠들고 장난치는 것도 다 할 수 있나요?"

신이 나서 이렇게 말하는 친구들도 있을 것입니다. 하지만 그것은 인권이 아닙니다. 인권에도 기준이 있습니다. 바로 '인간다운 삶을 누리기 위해 없어서는 안 되는 것'입니다.

수업 시간에 수업을 방해하고 마음대로 떠드는 것은 권리가 아닙니다. 하지만 내가 학교에 가서 공부하고 싶어도 부모님이 공장으로 보내 일을 시킨다면, 여러분은 교육을 받을 권리를 주장해야 합니다. 제대로 공부할 수 있는 기회를 빼앗긴다면 인간다운 삶을 누릴 수 없기 때문입니다.

여러분이 다른 사람을 욕하고 놀리는 것은 권리가 아니지만, 만약 여러분이 세상의 문제나 잘못된 정부의 일을 폭로하려고 목소리를 낸다면 그것은 인권에 해당합니다. 하고 싶은 말이 있어도 강제로 사람들 입을 가로막는다면 인간다운 삶을 사는 것이 아니기 때문입니다.

여러분이 함부로 가게에 들어가 물건을 가져가는 것은 권리가 아니지만, 여러분이 굶주리고 병들지 않게 살아갈 수 있도록 국

가와 사회의 보호를 받는 것은 당연히 누려야 할 인권입니다. 여러분이 굶주리고 병들어서 죽음 문턱에 서 있다면 그것은 인간다운 삶을 사는 것이 아니기 때문입니다.

　인권은 세상의 모든 사람이 인간답게 살아가야 한다는 믿음에서 출발한 권리입니다. 그래서 세상 모든 사람이 존중받고 기본적인 삶을 충분히 누리는 데 필요한 권리로 이루어져 있습니다.

　이제 인권이 무엇인지 조금 감이 잡히나요? 앞으로 인권에 대해 좀 더 자세히 알아보기 시작하면 여러분도 쉽게 인권의 진정한 의미에 대해 알아 갈 수 있을 거예요.

범죄자에게도 인권이 있다고요?

　텔레비전 뉴스에서 흉악한 범죄를 저지른 범죄자들을 보면 여러분은 어떤 기분이 드나요?
　"평생 빛도 들지 않는 감옥에 가두어 두고 먹을 것도 주지 않았으면 좋겠어요."
　여러분 중에는 이런 범죄자들을 보고 흥분해서 말하는 사람들도 있을 것입니다. 그럼 이렇게 범죄를 저지른 사람들에게도 인권은 있을까요?
　"흉악한 짓을 저지른 사람들에게 인권을 보장해 준다는 건 말도 안 돼요."
　대부분 사람은 이렇게 말할 것입니다. 하지만 그 사람이 범죄자라고 해서 그 사람의 인권을 무시해도 되는 것은 아닙니다. 게다

가 우리가 범죄자의 인권을 보장해야 하는 것은 사실 범죄자를 위해서가 아니라 모든 사람을 위해서입니다.

위에서 설명했듯이 인권은 모든 사람이 누려야 할 권리입니다. 모든 사람이 누려야 할 권리이기 때문에 우리는 권리를 누릴 수 없을 때 목소리를 높여 인권 보장을 외칠 수 있습니다. 만약, '범죄자의 인권을 무시해도 된다'라고 생각하는 사람이 있다고 생각해 봅시다. 그럼 또 누군가는 "흑인들의 인권은 무시해도 되는 거 아냐?"라고 말하는 사람도 생겨날 것입니다. 그러다 보면 "공부를 못해서 대학에 입학도 못한 사람은 인권을 말할 자격이 없지 않아?"라고 말할 수 있습니다.

이렇게 우리가 인권에 대한 예외를 만들수록 우리의 인권은 모든 사람이 인간답게 살 권리가 아니라 특정한 사람들만 누리는 권리가 될 것입니다. 그래서 인권은 범죄자라고 해도 반드시 누릴 수 있어야 합니다. 심지어 다른 사람의 인권을 빼앗는 범죄를 저지른 사람이라고 해도 말입니다.

노르웨이의 오슬로 대학에서는 수많은 사람을 죽인 범죄자인 아네르스 베링 브레이비크의 대학 입학 신청을 받아들였습니다. 그는 인종 차별주의자였고 감옥에서도 어떠한 반성을 하지 않았습니다. 심지어 오슬로 대학의 교수들을 죽이겠다고 협박했던 사람입니다.

다른 사람의 생명을 해치고 인권을 무시하는 말을 해 대고 반성도 하지 않는 이 범죄자에게 오슬로 대학에서는 왜 입학을 허용했을까요? 이에 대해 오슬로 대학의 부총장은 이렇게 대답했습니다.

"이것은 우리에게도 힘든 결정이었습니다. 하지만 이 결정은 그를 위해서 내린 것이 아닙니다. 우리를 위한 결정입니다."

모든 사람은 합당한 교육을 받을 수 있는 권리가 있습니다. 그것은 범죄자든 아니든 상관없이 이루어져야 합니다. 만약 여기서 예외가 존재하게 된다면 모든 사람이 누려야 할 교육받을 권리는 제대로 보장받지 않게 될 수 있습니다.

"세상을 살아가는 그 누구도 인권을 보장받지 않는다면 우리는 그들의 인권을 위해 싸울 것이다!"

인권에 대한 이러한 생각이 오늘날 모든 사람이 누려야 할 권리인 인권을 발전시키게 하는 힘이 되었답니다.

인권은 다른 모든 가치보다 중요할까요?

사랑이요! 사랑이 가장 중요하죠.

"인권만 강조하는 건 문제라고 생각해요. 세상에는 인권보다 더 중요한 것이 많잖아요."

이런 말을 들어 본 적 있나요? 위 말처럼 인권은 양보해도 되는 권리일까요? 아니면 모든 가치보다 우선되어야 할 권리일까요?

먼저 인권이 양보해도 될 만한 가치에는 어떤 것이 있을지 생각해 봅시다. 여러분의 생각하는 최고의 가치는 무엇인가요?

사랑이라고 말하는 사람들도 있을 거예요. 사랑은 정말 소중한 가치죠. 그런데 이 가치는 잘못 사용되기도 합니다.

만약 사랑하는 상대방이 원하지도 않는데 뒤를 쫓아다니고 계속 전화하거나 문자를 보내는 사람은 어떤가요? 그 사람의 행동은 모두 사랑이기 때문에 받아들여야 할까요? 그렇지 않을 것입니다. 사생활을 보호받을 권리, 누구와 사귀고 결혼할지를 스스로 선택할 권리, 즉 인권을 보장받지 않으면 그 사랑은 사랑이 아니라 폭력일 뿐입니다.

누군가는 가족이 최고의 가치라고 말할 수 있어요. 그 말대로 가족은 매우 소중하죠. 그런데 만약, 부모님이 학교에도 보내지 않고 심하게 매질을 하거나 제대로 보살피지 않아도 한 가족이기 때문에 모든 걸 참아야 한다면, 여러분이 소중하게 생각하는 가족은 정말 여러분을 소중하게 여기는 걸까요?

"국가와 민족이 있어야 내가 있잖아요. 그러니까 인권보다 국가와 민족이 더 중요한 가치예요."

이렇게 말할 수도 있습니다. 그럼 국가와 민족을 위해서 인권은 양보되거나 무시되어도 괜찮을까요? 만약 국가의 지도자가 말도 안 되는 정책을 펴서 국민이 괴로운 삶을 이어 가는데도 선거를 할 수 없고 새로 대표를 뽑을 수 없으며, 국가의 잘못을 이야기하는 사람은 죽거나 감옥에 갇힌다면, 그 국가는 정말 한 사람의 개인보다 소중하고 인권을 양보하더라도 지켜야 할 대상일까요?

세상에는 인권만큼 소중한 가치가 있습니다. 그런데 소중한 가치도 정말 올바르지 않으면 사람들에게 끔찍한 비극으로 돌아올 수 있습니다. 그러면 세상의 모든 가치가 올바르게 작동하는지 아닌지 판단할 방법이 있나요? 네, 매우 간단한 기준이 있습니다. 그것이 바로 인권입니다.

서로를 인정하고 존중하지 않는 사랑과 가족이란 가치는 더 이상 사랑도 가족도 아닌 폭력입니다. 국민의 인권이 보장받지 못하는 상황에서 국가나 민족이 요구하는 애국심과 민족의식은 독재와 통제를 위한 탄압일 뿐입니다.

그래서 세상의 모든 가치가 올바르게 작동하는지를 판단하려면 세상의 모든 가치가 인권을 존중하고 있는지 먼저 살펴봐야 합니다. 그 가치는 정말 사람을 존중하는가? 그 가치는 누군가의 희생으로 만들어지는 것이 아닌가? 여러 가치가 인권을 지키고 있는지 먼저 살핀다면, 겉으로는 사랑, 가족애, 애국심, 우정, 민족의식 등으로 포장해도 사실은 폭력이 가득한 가짜 가치를 걸러 낼 수 있습니다. 그래서 인권은 세상에서 가장 우선되어야 할 권리이며 세상 정의의 기준이라고 말합니다.

인권에도 순서가 있을까요?

"인권의 종류도 여러 가지라고 들었는데 그중에 더 중요하고 덜 중요한 게 있나요?"

인권에 대해 배워 가면서 이런 궁금증이 드는 사람들도 있을 것입니다. 인권에는 순서가 있을까요? 여러 가지 인권 중에 더 중요하고 덜 중요한 것이 있을까요?

만약 여러분들이 사방이 꽉 막힌 방에 갇혀 있다고 생각해 봅시다. 그 속에서 살아가는 여러분은 아프면 의사가 와서 진찰하고, 하루 세끼 맛있는 음식도 먹을 수 있습니다. 하지만 다른 사람은 만날 수 없고, 휴대폰도 쓸 수 없으며 평생 방 안에서 먹고 살아야 한다면 어떨까요? 여러분이 죽지 않고 생명을 이어 갈 물과 음식이 충분히 있으니 매우 인간다운 삶을 살고 있다고 생각하나요?

"친구도 부모님도 못 만나고 밖에 나갈 수도 없는 건 사는 게 아니에요!"

여러분은 이렇게 대답할 게 뻔합니다. 살아 있다는 것은 단지 생명을 유지하는 것만을 말하는 게 아니기 때문입니다. 반대로 여러분이 어디든지 자유롭게 이동할 수 있지만, 매일매일 폭탄이 떨어져서 언제 죽을지 모르는 곳에서 살아간다면 어떨까요? 그곳에서 여러분은 행복할 수 있을까요? 자신의 생명이 안전하게

보호받지 못한다면 여러분은 사람답게 살고 있다고 생각하지 못할 것입니다. 그래서 자유롭게 이동할 수 있는 권리와 안전한 삶을 누릴 권리는 어느 하나 양보 못 하는 중요한 권리입니다.

세계인의 인권 약속인 '세계 인권 선언'에서도 모든 권리가 보장받아야 함을 밝히고 있습니다. 즉 인권은 어떤 종류라도 침해당한다면 인권을 보장받는다고 말할 수 없습니다.

인권의 여러 권리는 먼저와 나중의 순서도 없으며 다른 인권을 위해 양보해야 할 것도 없습니다. 하지만 지금껏 인권을 보장하지 않으려던 사람들은 이런 말로 사람들의 정당한 권리를 무시하곤 했습니다.

"먹고사는 문제 해결이 먼저야. 다른 인권은 그다음에 해결해도 돼."

"공부를 잘해서 대학을 가고 난 뒤, 그때 가서 너희들의 권리를 이야기해. 지금은 아무 생각하지 말고 공부만 해. 알겠지?"

이러한 말들에 더 이상 속지 말아야 합니다. 인권은 양보할 수 없는 권리이며 역사상 인권 문제가 나중에 해결된 사례는 단 한 번도 없습니다.

사람들의 정당한 권리를 제한하고 침묵하라고 강요하는 사회는 사람을 존중하는 사회가 아닙니다. 한 사람의 가치도 단 한 가지의 권리도 소홀히 하지 않고 모든 사람이 인권을 자유롭게 누

리며 살아갈 수 있도록 노력하는 사회가 진정으로 사람을 존중하는 사회라는 것을 잊지 마세요.

인권에는 순서가 없지만, 인권을 보장받는 사람들에게는 순서가 있습니다. 세상에는 여러분과 비교했을 때 인권을 거의 보장받지 못하는 사람들도 있기 때문입니다. 인권을 보장하는 수준이나 인권에 대한 사람들의 생각은 나라마다 지역마다 차이가 있습니다. 그래서 아프리카 소말리아나 남미 아이티 같은 나라의 어린이들이 한국의 어린이들보다 더 절박하고 어려운 사정에 처해 있습니다. 이런 어린이들의 인권을 보장하는 것은 더욱 긴박하고 절실합니다. 당연히 이곳의 사람들이 처한 인권 문제에 우리는 먼저 관심을 가져야 합니다.

같은 나라나 지역에서도 여러 가지 이유로 인권을 보장받지 못하는 사람들이 있습니다. 우리는 이런 사람들이 권리를 먼저 보장받도록 노력해야 합니다. 세상의 모든 사람이 인권을 동등하게 보장받는 것은 모든 사람이 인간으로 존중받는다는 의미이기도 합니다. 더 시급하고 절실하게 인권을 보장받아야 할 사람들이 있다면 먼저 그들의 인권 문제 해결을 위해 나서야만 모든 사람이 존중받는 세상도 빨리 오게 될 것입니다.

세계인의 약속, 세계 인권 선언문

　전 세계 사람들은 세계 대전이라는 참혹한 전쟁을 겪고 난 뒤 크나큰 교훈을 얻게 됩니다. 그것은 바로 세상 어느 사람도 '사람'으로서 존중받지 못한다면 정의롭고 평화로운 세상은 절대로 만들어지지 않는다는 깨달음이었습니다. 이런 깨달음은 이후 1948년 세계 인권 선언으로 이어지게 되었습니다. 세계 인권 선언은 1개의 전문과 총 30개의 조항에서 인권이 전 세계 평화와 정의의 기준임을 선언하고 전 세계 사람들이 누려야 할 기본적인 인권이 무엇인지를 알리고 있습니다.

　선언이 만들어진 과정 또한 감동적입니다. 1947년 1월부터 1948년 12월까지 2년의 기간 동안 58개의 유엔 가입국들은 선언을 완성하기 위해 단어와 문자 하나하나를 살펴보았습니다. 수많은 논쟁과 회의 속에서 유엔 가입국들은 총 1400번의 투표를 했고 이를 통해 선언의 내용을 완성했습니다. 드디어 1948년 12월 10일 유엔 총회에서 48개국의 찬성으로 세계 인권 선언이 채택되었습니다. 8개 나라의 기권표는 있었지만 반대를 하는 나라는 단 한 나라도 없었죠. 즉 세계 인권 선언은 나라와 문화, 종교를 뛰어넘어 모든 사람이 누려야 할 세계인의 약속으로 인정받았던 것입니다.

인권에는 어떤 권리가 있을까요?

누구에게도 침해받지 않을 권리, 자유권

"그럼 인권에는 어떤 권리가 있나요?"

인권이란 말은 뭔가 대단한 것처럼 느껴집니다. 하지만 잘 생각해 보면 우리 생활과 매우 밀접한 권리라는 것을 알 수 있습니다. 사람이 살아가면서 당연히 누려야 할 권리는 무엇일까를 생각해 보면 됩니다. 인권은 크게 몸과 마음이 자유로울 권리와 인간다운 생활을 보장받을 권리로 나눌 수 있습니다.

인권을 중요하게 생각하지 않았던 예전에는 노예 제도가 있었습니다. 노예는 자유를 빼앗긴 채 강제로 일을 하게 된 사람을 말하죠. 노예는 분명 사람이지만 사람이 아니었습니다. 노예를 부리는 주인들이 말을 알아듣는 가축으로 여겼기 때문입니다. 그래서 주인들은 노예를 사고팔기도 하고 자신의 기분에 따라 끔찍

한 매질을 하기도 했습니다. 심지어 노예를 죽여도 주인은 처벌받지 않았습니다.

여러분이 만약 노예로 살았다면 어땠을까요? 언제 죽을지도 모르는 공포 속에서 마음대로 움직일 수 없고 마음대로 쉴 수도 없는 상태에서 매일 매질을 견디며 살아가야 한다면 말이에요. 아마 누구나 한순간도 그 상황을 견디지 못하고 탈출을 하고 싶을 것입니다. 그래서 자유권은 세상의 모든 사람이 죽음의 공포를 느끼지 않으며 노예와 같은 처지에 있지 않아야 한다는 생각에서부터 출발했습니다.

생명을 함부로 빼앗기지 않을 권리, 고문이나 학대, 체벌 등 가혹한 대우를 받지 않을 권리, 원한다면 다른 곳으로 이사하거나 자신이 살고 싶은 곳에 머물고 살 권리 등이 모두 자유권에 해당합니다. 만약 나쁜 짓을 해서 감옥에 갇힌다 해도 누군가의 기분에 따라 처벌을 받는 게 아니라 합리적이고 동의할 만한 법에 따라 공정하게 재판을 받을 수 있는 권리, 감옥에 갇히더라도 사람답게 살 수 있도록 최소한의 환경에서 지낼 수 있는 권리도 자유권에 해당합니다.

만약 몸은 편하고 자유로운데 마음이 자유롭지 않다면 어떨까요? 내가 하고 싶은 말을 마음껏 할 수 없다면 어떨까요? 글을 쓰고, 그림을 그리고, 노래를 부를 때마다 누군가의 감시를 받고 마음대로 표현할 수 없다면 말이에요.

 또 한 종교만 믿어야 하고 다른 종교를 믿으면 추방을 당하거나 감옥에 가야 한다면 어떨까요? 내가 옳지 않다고 여기는 일에 대해 침묵해야 한다면 어떨까요? 몸은 자유롭지만, 여러분의 마음은 사방이 굳게 잠긴 공간 안에 갇혀 있는 것처럼 느껴질 것입니다. 이렇게 마음이 감옥에 갇혀도 몸이 갇힌 것처럼 끔찍하고 무서운 마음이 듭니다. 몸의 자유도 중요하지만 마음의 자유도 중요한 이유를 알겠나요? 신체의 자유뿐 아니라 마음껏 표현하고 생각할 자유, 원하는 종교를 믿는 것이 자유권에서 속하게 된 이유입니다.

 누구의 간섭을 받지 않고 자유롭게 생각을 말하고 글로 쓰거나 노래할 수 있는 것을 표현의 자유, 사람들이 모여서 국가에 대한 문제점을 이야기하고 외칠 수 있는 것을 집회 결사의 자유, 믿고 싶은 종교를 믿고 생각하는 대로 행동할 수 있는 것을 양심의 자유, 정치에 참여하여 내가 원하는 정당을 만들거나 내 생각에 따라 대통령이나 국회의원 등을 뽑는 선거에 참여하는 것을 정치 참여의 자유라고 합니다. 모두 자유권에 해당하죠.

 사실 자유권의 역사는 시민권의 역사이기도 합니다. 과거에는 소수의 왕이나 귀족들만 법을 만들고 정치에 참여했습니다. 대부분의 사람은 왕이나 귀족이 만든 부당한 법을 따라야 했고 정

치에 참여할 기회조차 없었습니다. 사람들이 이를 바꾸기 위해 목소리를 높였지만, 왕과 귀족들은 자신의 생각을 반대하는 사람들을 죽이거나 감옥에 가두었습니다. 그 당시 왕과 귀족에게 국민은 함부로 대해도 되는 대상이었습니다. 노예와 다름없었죠.

"더 이상 노예처럼 살 수 없어!"

사람들은 왕과 귀족들의 모진 탄압에도 자유와 권리를 얻기 위한 싸움을 포기하지 않았습니다. 오랜 시간 힘과 권력을 가진 사람들에게 탄압을 받았지만, 모든 사람이 동등한 권리를 가져야 한다는 믿음은 수그러들지 않고 점점 더 커져만 갔습니다. 급기야 사람들은 시민 혁명을 통해 왕과 귀족만의 세상이 아닌, 모든 시민이 평등하고 자유로운 사회를 만들 수 있게 되었습니다.

정치에 참여할 권리, 자유롭게 표현할 권리, 집회에 참여할 권리, 함부로 감옥에 갇히거나 생명을 위협받지 않을 권리 등 자유권의 여러 가지 권리는 왕과 귀족들의 횡포에 맞서 시민의 권리를 찾으려는 사람들의 노력과 희생 속에서 하나씩 얻어 낸 결과물입니다. 그래서 자유권을 다른 말로 시민적·정치적 권리라고 부릅니다.

인간다운 생활을 보장받을 권리, 사회권

"자유가 아니면 죽음을 달라!"

이런 말을 들어 본 적 있나요? 자유가 얼마나 중요한지를 상징적으로 표현한 멋진 말이죠. 그런데 여러분은 자유로울 수만 있으면 아무런 고민 없이 행복할 수 있을까요? 자유만 있으면 모든 사람이 사람답게 잘산다고 할 수 있을까요?

여러분이 노예 상태도 아니고 누군가에게 목숨을 위협받지도 않지만, 돈이 없어서 아파도 병원에 갈 수 없다면 어떨까요? 배우고 싶어도 배울 기회가 없고, 일하고 싶어도 일자리가 없다면 어떨까요? 또 휴일에 대부분 사람은 쉬는데 여러분은 어려운 형편 때문에 쉴 수 없는 상황이라면 어떨까요? 여러분은 이렇게 말할 게 분명합니다.

"자유만 있으면 뭐 해. 나도 인간다운 생활을 하고 싶어!"

여러분이 이렇게 외치는 것도 당연해요. 자유만 있고 가난해서 굶주린다면 인간답게 산다고 할 수 없기 때문이에요. 그래서 인간다운 삶을 보장받는 것은 인권에서 매우 중요한 부분이 되었습니다. 이 권리를 경제적, 사회적 및 문화적 권리라고 부르는데 간단히 말해서 사회권이라고도 합니다.

예전에는 사회권에 관한 생각이 매우 부족했습니다. 그래서 인간다운 삶을 누리지 못하는 것을 단순히 개인의 능력 탓으로 여기기도 했습니다. 우리나라에도 이런 속담이 있을 정도였죠.

"가난은 나라님도 어쩌지 못한다."

이 속담은 개개인의 가난은 나라가 해결할 수 있는 일이 아니라는 뜻입니다. 하지만 오늘날 사람들이 인권을 중요하게 생각하면서 경제적 어려움으로 인간답게 살지 못하는 것은 문제가 있다고 여기게 되었습니다. 그래서 위의 속담은 이제 이렇게 바꿔서 불러야 합니다.

"가난을 해결하지 못하면 나라가 아니다."

여러분은 금수저니, 흙수저니 하는 말을 들어 보았을 것입니다. 요즈음 사람들은 부모님이 돈이 많아서 경제적인 혜택을 받는 사람을 금수저라고 부르고, 가난한 가정에서 태어나 어렵게 살아가는 처지의 사람을 흙수저라고 부릅니다. 그런데 이 말은 매우 비인권적인 말입니다. 금수저는 마음껏 풍요롭게 살아도 되고 흙수저는 제대로 된 삶을 누리지 못하는 것을 당연하게 여기는 뜻이 숨어 있기 때문입니다. 물론 경제적 형편에 따라 일상생활에서 차이가 있을 수 있습니다. 하지만 흙수저로 태어났기 때문에 누구나 누려야 할 기본적인 생활조차 할 수 없다면 그 사회는 분명 잘못된 것입니다.

금수저든 흙수저든 학교에서 기본적인 교육을 받아야 하고, 아프면 병원에 가서 치료를 받아야 합니다. 직업을 구하지 못한 사람은 국가에서 직업을 구할 때까지 생활할 수 있도록 도와주어야 합니다.

　직업을 구한다고 끝이 아닙니다. 직업을 얻어 일하게 되면 누구나 일한 만큼의 충분한 돈을 받아야 합니다. 또한 무조건 일만 하는 것이 아니라, 중간중간 휴식 시간도 꼭 필요합니다. 일하는 시간 외의 여가 시간도 보장받아야 하고요. 경제적 여유가 없어도 문화생활을 하고 예술 활동을 할 수 있는 기회가 주어져야 합니다. 즉 사회권은 인간다운 삶을 살기 위한 경제적인 조건, 문화적인 조건을 모두 갖추는 권리를 말합니다.

　모든 사람들이 사회권을 보장받으려면 국가의 역할이 큽니다. 국가는 가난한 사람들이 기본적인 생활을 할 수 있도록 여러 복지 제도를 마련해야 하고, 의무 교육을 시행하여 온 국민이 교육을 받을 수 있도록 도와야 합니다. 또한 의료 보장 제도를 통해 사람들이 건강하게 살아가도록 해야 합니다. 직장을 잃은 사람들이 좌절하지 않고 다시 직장을 구할 수 있도록 경제적 지원과 직업 교육 등을 하는 것, 사람들이 적은 돈으로도 다양한 문화생활을 할 수 있도록 도서관, 공연장 등을 마련하는 것 등 사회권을 보장하기 위해 국가가 할 일이 많습니다.

교육, 의료, 노동, 문화생활 등을 보장받는 건 당연한 권리야.

사회권은 "인간답게 살게 해 달라!"는 끝없는 외침을 통해 얻은 권리입니다. 산업 혁명이 시작된 19세기에 경제가 급속도로 발전하면서 돈을 가진 사람들은 큰 공장을 짓고 많은 물건을 생산하면서 더욱더 부자가 되었습니다. 하지만 가난한 사람들은 더욱더 가난해졌습니다. 공장에서 일하지 않으면 제대로 끼니도 해결할 수 없는 지경에 이르렀고, 결국 먹고살기 위해 나이 어린 아이들까지 공장에 보내야 했습니다. 공장에서 사람들은 하루 평균 14~15시간 동안 고된 노동을 했습니다. 그렇지만 노동이 고된 것에 비해 얻는 돈은 매우 적었습니다. 노동에 대한 정당한 대가를 받지 못하고 제대로 쉬지도 못하자 사람들은 더 이상 참을 수 없어 이렇게 외치기 시작했습니다.

"우리는 기계가 아니다! 충분히 쉴 권리와 충분한 대가를 달라!"

이윽고 노동자들이 모여서 단체를 만들고 공장주들에게 정당한 권리를 요구하기 시작했습니다. 또 국가에는 노동자들이 제대로 일할 수 있도록 제도와 법을 만들어 달라고 요구했습니다. 노동자들의 이러한 노력 덕분에 사람들은 인간으로서 살아가기 위해서는 자유뿐만 아니라 사람답게 살아야 할 권리도 필요하다는 것을 알게 되었습니다. 또한 인간다운 삶을 위해 제도를 만들고 사람들을 보호하는 일이 국가의 매우 중요한 역할임을 인식하게 되었습니다.

좋은 환경에서 살아갈 권리, 환경권

오염된 물을 마셔야만 하는 상황이 오면 어떨까요? 매연과 미세 먼지 때문에 마음 놓고 숨을 쉴 수 없는 상황이라면요? 이렇게 오염된 환경 속에서 살아간다면, 사람답게 사는 것이라고 말할 수 있을까요?

과학 기술이 발달하고 사람들의 삶도 더 편리해졌지만 다른 문제가 생겼습니다. 바로 환경 오염 문제입니다. 석유나 석탄 같은 화석 연료를 사용하면서 지구는 점점 뜨거워지고 썩지 않는 플라스틱 쓰레기가 넘쳐 납니다. 그로 인해 이상 기후가 발생한다든가 오염된 환경에서 생물이 죽으면서 사람들의 걱정이 생겼습니다.

처음 인권을 생각할 때만 해도 환경은 관심 밖의 문제였습니다.

하지만 지금은 지구에서 살아가는 모든 사람들이 반드시 해결해야 할 문제로 생각하고 있습니다. 환경에 관한 관심이 높아짐에 따라 환경권도 중요한 인권의 하나가 되었습니다. 환경권은 오염되지 않은 땅, 깨끗한 물과 맑은 공기를 마시며 살아갈 권리를 말합니다.

"내 주변의 환경이 깨끗하고 안전하면 좋겠어."

처음 사람들은 환경권을 주변 환경에 국한하여 생각했습니다. 하지만 시간이 지날수록 환경 문제가 하나의 지역이나 나라만의 문제가 아님을 알게 되었습니다. 우리 주변이 깨끗하려면 지구 전체의 환경이 좋아야 한다는 것을 깨달았죠. 그래서 환경권은 쾌적한 환경 속에서 생활하는 권리에서 시작하여 국가에게 전 지구적인 환경 문제에 관심을 기울이라며 적극적인 행동을 요구하는 데까지 나아갔습니다.

"팜유를 만들기 위해 수천 제곱미터의 숲이 파괴되고 숲에 살고 있던 오랑우탄 같은 생물이 죽어 가고 있어!"

환경 오염에 영향을 받는 것은 사람뿐만이 아닙니다. 다양한 생물들마저 인간이 일으킨 환경 문제에 피해를 입고 있습니다. 이에 발맞춰 환경권은 사람의 권리에서 더 나아가 동물권, 생명 전체의 권리로 확장되고 있죠.

다른 생물이 살 수 없는 환경에서는 인간도 살 수 없습니다. 그

러니 우리를 위해서라도 생물 모두가 깨끗하고 안전한 환경에서 살 수 있도록 자연을 보존해야 합니다. 이 점을 깨달은 사람들은 환경권을 주장할 때 이렇게 외칩니다.

"사람만 권리가 있는 게 아니다! 모든 생명에게도 권리가 있다!"

사라지거나 새로 생기는 권리도 있을까요?

"인권에서 이야기하는 여러 권리 중에서 없어지거나 새롭게 나타나는 권리가 있을까요?"

지금까지 인권에 대해 알아 가면서 이런 궁금증이 생긴 친구도 있을 것입니다. 인권은 정해진 권리만 있는 걸까? 아니면 새롭게 추가되거나 삭제되는 권리도 있을까? 이 궁금증을 해결하기 위해 처음 인권이 무엇인지 이야기했던 때로 돌아가 봅시다.

인권의 뜻이 '인간으로서 마땅히 누려야 할 기본적 권리'라고 했죠? 그럼 기본적 권리 중에서 삭제해도 될 항목이 있을까요? 없습니다. 인권의 여러 항목 중 지키지 않아도 되는 권리는 없기 때문입니다. 하지만 세상이 발전하고 사회가 변하면서 사람으로서 마땅히 누려야 할 조건은 점점 늘어나고 있습니다. 새롭게 추가 되는 권리가 생기기 시작했다는 말입니다.

 그중 대표적인 권리로 연대권, 문화권 등이 있습니다. 연대권은 집단권이라고도 부릅니다. 지금까지 인권은 한 사람의 권리에 집중했다면 연대권은 집단의 권리에 집중합니다.

 세계 곳곳에서는 아직도 인권 침해가 빈번하게 일어나고 있습니다. 인권 제도가 제대로 정착된 나라도 있지만, 아직 국민이 인

권이라는 말을 들어 보지도 못한 나라도 많기 때문입니다. 인권이 지역에 따라 많은 차이가 생긴 거죠. 모든 사람이 누려야 할 인권이 정말 의미가 있으려면 나라 사이의 차이가 줄어들어야 합니다. 그래서 연대권은 전 세계에서 일어나는 인권 문제를 세계의 사람들이 힘을 모아서 해결하는 것도 하나의 권리라고 밝히고 있습니다. 즉 연대권을 통해 인권 문제를 세계인이 고민하고 해결해야 하며 그것을 위해 힘을 모아야 인권이 바로 선다고 생각한 거죠.

문화권은 문화를 소유하고 누릴 수 있는 권리를 말합니다. 세계의 모든 문화가 하나로 통일된다면 어떨까요? 만약 모든 나라가 한국 문화만을 따르고 좋아한다면 신날 것 같지만 문화는 더 이상 발전하지 않습니다. 또한 부유한 나라뿐만 아니라 소수 민족이나 힘없는 나라의 문화도 소중합니다. 그래서 문화권은 소수의 사람이 누리는 문화도 보호받고 발전할 수 있어야 하며 다양한 문화를 누리는 것도 인간의 권리라고 말합니다.

한편 우리의 생활 공간이 바뀌면서 인권의 영역이 확장된 경우도 있습니다. 인터넷과 같은 가상 공간이 발달하면서 인권의 영역은 단순히 눈에 보이는 것을 넘어 보이지 않는 공간까지 확장되고 있습니다. 그래서 개인 정보를 보호받을 권리, 인터넷 공간에서 잊힐 권리 등 새로운 인권의 항목이 생기고 있습니다.

인권의 역사는 얼마나 오래됐을까?

　인권의 역사는 인간의 역사만큼 매우 오래되었습니다. 같은 사람 안에서도 주인과 노예로 나뉘고 왕과 귀족과 같은 신분이 있던 사회에서도 모든 사람은 동등하다는 외침이 끊이지 않았죠. 2000년 전에 스파르타쿠스라는 검투사 노예는 자유를 외치는 노예들과 반란을 일으켰고, 1000년 전 우리나라 고려 시대에는 노비 신분의 만적이 중심이 되어 노비 해방 운동이 일어나기도 했습니다.

　17세기에서 18세기 사이 유럽에서는 모든 사람이 자유롭고 평등하다는 신념을 바탕으로 신분제 폐지를 주장하는 시민 혁명이 일어났습니다. 결국 왕과 귀족만 정치를 하던 세상이 시민들이 정치에 참여할 수 있는 세상으로 바뀌었죠.

　또 20세기 초까지 세계 여러 나라에서 여성들은 정치에 참여할 권리를 갖지 못했습니다. 여성은 가정을 돌봐야 한다며 남성들이 바깥 활동을 하지 못하게 막았거든요. 여성들은 정치에 대한 발언을 못하는 것은 물론 대통령이나 의원 등을 뽑는 선거도 참여할 수 없었습니다. 이에 여성들은 목숨을 걸고 차별에 맞서 싸웠습니다. 그 덕분에 미국에서는 1920년, 영국에서는 1928년, 스위스에서는 1971년이 되어서야 여성들

의 선거권이 보장되었습니다.

  우리나라에서도 이승만, 박정희, 전두환 등 민주주의를 파괴하는 독재자에 맞서 수많은 사람이 목숨을 걸고 민주화 운동을 했고, 60~70년대 공장에서 기계처럼 일하던 노동자들도 쉴 권리와 정당한 임금을 받을 권리를 외치며 거리로 나왔습니다.

  오늘날 세상이 인권에 관해 이야기하고 인권을 중요하게 생각하게 된 것은 오랜 역사 동안 인권을 위해 희생한 사람들의 노력 덕분입니다. 인권의 역사는 결국 사람이 사람으로 존중받기 위한 투쟁의 역사였다고 할 수 있습니다.

 **다르다고 차별해도 될까요?**

　노예 제도가 있었던 시절 노예들은 사람 취급을 받지 못했습니다. 노예가 아닌 사람들은 노예를 함부로 대하기 일쑤였고, 노예를 마치 물건처럼 사고팔기도 했죠. 그들은 노예가 동등한 기회를 얻고 인간답게 사는 걸 절대 허락하지 않았습니다. 이렇게 나와는 다르다는 이유로 사람을 불공평하게 대우하는 것을 차별이라고 합니다.

　오늘날 노예 제도는 없어졌지만, 차별은 여전히 남아 있습니다. 미국에서는 흑인 노예 제도가 폐지된 지 150년이 넘었습니다. 하지만 아직도 미국 사회에서 흑인들은 인종 차별과 부당한 대우를 받는 일이 많습니다.

　미국뿐만 아니라 우리 사회에도 차별은 있습니다. 성별, 나이,

학력, 직업, 빈부 차이, 출신 지역, 장애 여부 등에 따라 사람을 구분 짓고 동등하지 않게 대우하는 모습을 어렵지 않게 볼 수 있습니다. 이런 차별은 누군가를 노예라고 부르며 사람으로서 당연히 누려야 할 권리를 박탈했던 과거의 야만적인 모습과 크게 다르지 않습니다.

세상 사람 중에 나와 똑같은 사람이 있나요? 아마 얼굴이 비슷한 사람이나 성격이 비슷한 사람은 있을 겁니다. 하지만 생김새, 생각하는 것, 좋아하는 것과 싫어하는 것, 생활 환경과 옷 입는 것까지 모두 판박이처럼 똑같은 사람은 존재하지 않습니다. 만약 사람들이 모두 같다면 기계나 로봇과 다르지 않을 것입니다.

그런데 세상 사람들은 공통점도 가지고 있습니다. 같은 음악, 같은 음식을 좋아하는 사람들도 있습니다. 나와 지구 반대편에 떨어져 있는 다른 사람과 같은 시간에 같은 책을 읽을 수도 있고요. 우리는 서로 다르면서도 같은 사람들인 겁니다. 모든 사람이 인류라는 하나의 종이기도 하고요.

다양한 사람들이 같은 점도, 다른 점도 갖고 있는 건 너무나도 당연합니다. 그런데 일부 사람들은 우리가 공통점이 많다는 건 무시하고 다른 점에만 관심을 두기도 합니다.

다양성과 다름을 인정하지 않는 사람들은 누군가 나와 좋아하는 음식과 생각이 비슷한 것보다는 피부색이 다르다는 것만 눈여겨봅니다. 같은 영화와 책을 보고 같은 음악을 듣는 것보다는 성별이 다르다는 사실만으로 함부로 대하기도 합니다. 다르다고 차별하는 것은 결국 사람 간의 갈등을 부추기고 평화를 부숩니다.

반면에 차별 없이 사람들을 대하면 나의 다른 점도 모두 존중받을 수 있습니다. 다양성과 다름을 인정할 때 세상은 더욱 다채

너도 나도, 지구는 하나

롭고 풍성해집니다. 차별적인 제도나 법에 침묵하면 우리도 언젠가 다르다는 이유로 차별당할 수 있습니다. 차별에 맞서 싸워야 할 이유가 여기에 있습니다.

그럼 우리가 쉽게 지나칠 수 있는 차별에는 어떤 것이 있을까요?

어리다고 차별하면 안 돼요

　신문 기사 제목을 보면 '무서운 10대'라는 제목을 쉽게 볼 수 있습니다. 그런데 신문 어디를 찾아보아도 '도둑질을 한 무서운 40대'라는 기사는 존재하지 않습니다. 10대가 나쁜 짓을 하면 무서운 10대라는 기사 제목이 만들어지지만, 30대나 40대가 범죄를 저지르면 무서운 30대나 무서운 40대로 표현하지 않는 것입니다. 이상하지 않나요? 어떤 사람들은 10대 청소년들의 범죄가 잦아서 이런 말이 생겼을 것으로 추측하기도 합니다. 하지만 모든 연령대 중에서 10대 청소년의 범죄 발생률은 매우 적은 편입니다.

　2022년 통계청 자료에 따르면, 한 해 동안 125만 건 정도의 범죄가 발생했는데 그중 10대가 저지른 건 5%도 안 됩니다. 오히려

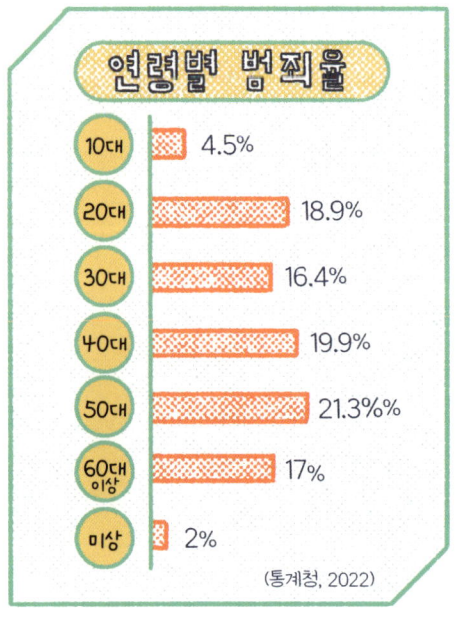
(통계청, 2022)

50대의 범죄율이 20%가 넘습니다. 그런데도 10대의 범죄에는 특별히 '무서운'이란 단어가 붙습니다. 이것은 나이에 대한 일종의 편견이며 차별입니다. 이런 제목의 기사는 나이가 어린 10대 청소년들은 미성숙하고 충동적이어서 뭔가 잘못된 행동을 많이 한다는 편견을 만들어 냅니다.

특히 '미성숙한 10대'라는 생각은 어린이와 청소년을 어리다는 이유로 무시하거나 함부로 대해도 된다는 차별의 근거로 사용됩니다. 10대는 미성숙하니까 어른들이 강제로 통제를 해야 하고 10대의 의견은 무시해도 된다는 식으로 말입니다.

"학급 회의에서 우리가 결정했는데, 선생님 한마디로 모두 바뀌었어요."

"어른들이 이놈 저놈 하면서 함부로 말하면 기분이 나빠요."

"부모님이 내 이야기는 들어 보지도 않고 수학 학원을 억지로 다니래요."

이런 경험이 있는 친구가 많을 것입니다. 어른이니까 더 제대로

무서운 10대, 저항없이 질주
ㅇㅅ뉴스TV
YOTUV ●●●·●●

금은방 턴 무서운 10대
●●● ●●● ●●

또... 무서운 10대들이 만든
쑥대밭 상황 (ㅁ☆뉴스)
TVMS 뉴스

10대들이 정말 범죄를
많이 저지르나 봐.

근데 10대들만 너무
나쁘게 얘기하는 것 같아.

된 판단을 할 수 있고, 어린이들은 무조건 어른의 말을 따라야 하는 걸까요?

사실 미성숙한 10대도 있지만 미성숙한 어른도 많습니다. 성숙과 미성숙은 나이의 문제가 아니라 경험의 문제이기 때문입니다. 여러 가지 일을 직접 경험하다 보면 10대도 어른보다 더 성숙하게 행동하고 판단할 수 있는 능력을 키울 수 있습니다. 10대라고 미성숙하다거나 무시하고 함부로 대하기 전에 먼저 인간으로 존중하고 많은 경험을 할 수 있도록 자격과 권한을 줘야 합니다. "너희들은 미성숙하니까 어른이 보호해 주고 알아서 할게"가 아니라 "너희들은 경험이 부족하니 더 많은 걸 겪을 수 있도록 역할과 권한을 주고 지켜봐 줄게"라고 말할 수 있어야 합니다.

우리나라는 예전부터 예의나 예절을 중시했습니다. 그래서 어린 사람은 항상 나이 많은 사람을 깍듯이 대해야 했습니다. 하지만 예의는 꼭 어린 사람이 나이 많은 사람을 대할 때만 적용되는 것은 아닙니다. 나이와 상관없이 사람과 사람이 서로를 존중하기 위해 함께 지켜야 할 덕목이기 때문입니다.

나이에 따른 차별은 단지 10대 청소년에게만 해당하는 문제가 아닙니다. 노인도 차별을 겪는 일이 많습니다. 나이가 많다는 이유로 직업을 구하는 데 차별을 겪고 나이가 많다는 이유로 새로운 제도나 문화에서 소외당하는 경우도 많습니다. 나이가 적든

많든 소외받는 사람이 없는 사회를 만들도록 노력할 필요가 있습니다.

○○세대라는 식으로 특정한 세대를 비꼬아 부르는 말도 있습니다. 특정 나이대 사람들이 모두 같은 성격이나 취향을 가진 것도 아닌데 "○○세대는 예의가 없어", "○○세대는 앞뒤가 꽉 막혔어!"와 같이 하나의 특징으로 판단하며 함부로 말하는 것도 분명 차별입니다.

사람은 나이가 들어도 미성숙할 수 있고 나이가 어려도 매우 성숙할 수 있습니다. 어떤 사람은 나이가 젊어도 오래된 관습에 따라 생활할 수 있고 나이가 많아도 요즘 문화에 익숙할 수도 있습니다. 그러므로 나이로 단정 짓는 것은 잘못된 생각입니다.

누구나 한때 젊었고 누구나 나이를 먹습니다. 나이가 다르다고 존중받지 않아도 될 사람은 없습니다. 예의는 나이를 떠나 모든 사람을 존중하는 방법으로 사용되어야 합니다. 누구나 다양한 역할을 맡을 기회가 생길수록 더 성숙해집니다. 나이는 정말 숫자에 불과하니까요.

다양한 성을 인정해야 해요

"여자아이가 왜 그렇게 얌전하지 못하니?"

"남자아이가 왜 이리 눈물이 많니?"

주변 어른에게 이런 말을 들어 본 적이 있나요? 정말 남자아이가 눈물을 흘리거나 여자아이가 얌전하지 않으면 안 되는 걸까요? 그런데 남성 중에도 감정이 풍부한 사람이 있고 여성 중에도 씩씩한 사람이 있습니다. 남성과 여성이라는 성별의 차이를 넘어 사람들은 매우 다양한 성격과 태도를 보이기 때문입니다. 이런 사람들의 다양한 모습을 '남자는 이래야 하고 여자는 이래야 한다'로 못 박는 것은 명백한 차별입니다.

옛날에는 여성은 여리고 미성숙해서 남성의 보호를 받아야 한다고 생각했습니다. 이런 편견과 차별 때문에 여성은 제대로 된

사회 구성원으로 인정받지 못했습니다. 고대 그리스에서는 노예와 다름없는 취급을 받았고 20세기 초반까지 선거에 참여할 권리도 부여받지 못했습니다.

그런데 여성이 차별당하면 반대로 남성도 차별에서 자유롭지 못합니다. 여성에 대한 차별적인 생각만큼 남성에게도 무리한 사회적 책임이나 역할을 요구하기 때문입니다. 남성 간호사를 이상한 눈으로 보거나 여성 성직자를 인정하지 않는 모습이 모두 여기에 해당합니다.

또한 세상에는 여성으로 태어났지만 스스로 남성으로 생각하는 사람, 반대로 남성으로 태어났지만 스스로 여성이라고 생각하는 사람도 있습니다. 태어났을 때의 성과 성장하면서 자신이 느끼는 성을 다르게 생각하는 것입니다. 또 자신이 여성인지 남성인지 아직 판단할 수 없다는 사람들도 있습니다. 뿐만 아닙니다. "여성은 남성을 좋아하고, 남성은 여성을 좋아하는 게 당연해"라고 생각하는 것과 달리 실제로 여성이 여성을 좋아하거나 남성이 남성을 좋아하는 경우도 많습니다. 어떤 사람은 성별에 상관없이 여성과 남성 모두에게 이성적 호감을 느끼기도 하며, 여성과 남성 모두에게 좋아하는 감정이 생기지 않기도 합니다. 이렇게 다양한 성적인 특징을 가진 사람을 성 소수자라고 부릅니다.

성 소수자를 인정하지 않고 "세상에는 남성과 여성, 두 가지 성별만 존재하고, 다른 성별을 좋아하는 것만 옳아!"라고 말하는 것도 차별입니다. 성 소수자를 인정하지 않는 사람들은 지구상의 모든 생물이 수컷과 암컷으로 구분되고 서로 짝을 이루며 산다고 생각합니다. 그게 자연의 이치라고 말이죠. 하지만 그것은 틀렸습니다. 지구 안에는 스스로 성별을 바꾸는 생물도 많고, 같은 성별의 짝을 좋아하는 생물도 많습니다. 이런 다양한 모습은 특별하지 않습니다. 다양한 성적 취향을 갖는 일은 모든 종류의 생물에게서 나타나는 아주 자연스러운 현상이기 때문입니다.

사람의 성이 다양한 것도 마찬가지로 자연스러운 일입니다. 그러니 자신이 남성인지 여성인지, 아니면 둘 다 아닌지, 어떤 성별의 사람에게 호감을 가질지, 즉 성 정체성을 찾는 일은 오로지 개인의 선택에 달린 문제입니다. 그런데도 각자의 성 정체성을 인정하지 않고 비난하거나 모욕하는 행동은 인간의 다양성을 부정하는 매우 심각한 차별입니다.

다양성이 인정받는 사회라야 사람은 행복할 수 있습니다. 편견과 꽉 막힌 생각으로 세상을 바라볼 것이 아니라 다양한 시선으로 주변을 둘러볼 필요가 있습니다.

가난하다고 차별하면 안 돼요

"201동 아이들과 놀지 마!"

"201동 아이들은 우리 아이들과 같은 학교에 입학해선 안 돼!"

여러분이 만약 201동에 사는 어린이라면 이런 말을 듣고 어떤 느낌이 들까요? '왜 사람들이 우리를 문제가 있는 사람처럼 취급하지? 우리가 뭘 잘못했는데?'라고 생각하며 화가 날 것이 분명합니다.

201동 사람들이 이렇게 차별받는 이유는 무엇일까요? 201동은 정부가 재산이 적어 집을 마련하기 어려운 사람들을 위해 만든 임대 주택입니다. 비싼 아파트에 사는 사람들이 임대 주택에 사는 사람들과는 공동생활을 할 수 없다며 차별하는 거죠.

가난은 경제적인 상황이 어려운 상태를 말하는 것이지, 무언가

잘못을 하거나 나쁜 짓을 한다는 것을 말하는 게 아닙니다. 누구든지 여러 가지 사정에 따라 가난할 수 있기 때문입니다.

그런데 몇몇 사람들은 가난한 사람들을 게으르고 무식하다고 생각합니다. 또 가난하면 범죄를 저지를 가능성이 많다고 편견을 갖기도 합니다. 그러니 가난한 사람들과 함께 생활하는 것을 용납할 수 없다는 거죠. 돈이 많고 적고로 사람의 가치를 따질 수도 없는 데 말입니다.

오히려 가난에 대한 편견과 차별은 가난한 사람들에게 일할 기회를 줄어들게 합니다. 교육도 제대로 받지 못하게 하고요. 편견과 차별이 가난한 사람을 더 가난하게 만드는 겁니다. 그래서 사회학자 대부분은 가난한 사람들이 나빠서 범죄를 저지르는 게 아니라 부유한 사람과 빈부 격차가 커지고 가난한 사람들을 소외시키는 정책이 계속되었기 때문에 범죄가 발생한다고 이야기합니다.

우리나라는 1997년 외환 위기로 경제가 크게 휘청거렸습니다. 수많은 사람이 직장을 잃고 거리로 나와 노숙인이 되었습니다. 이들은 대부분 예전에는 성실하게 일하고 돈을 벌었던 직장인이거나 자그마한 회사를 운영하던 사장이었습니다. 국가의 경제 위기가 아니었다면 다른 사람들과 같이 여유로운 삶을 살고 있었을지도 모르는 사람들입니다.

그런데 국가도 사람들도 거리에 나앉은 노숙인에게 관심을 두지 않았습니다. 냄새가 난다든가 더럽다며 피할 뿐이었죠. 이들도 누군가의 가족이었고 똑같은 사람인데도 다른 취급을 받아야 했습니다. 노숙인에게 인권은 머나먼 나라의 이야기나 다름없었습니다.

국가가 경제적 어려움에 부닥친 이들을 보호하고 인간다운 삶을 보장하려고 노력한다면 수많은 노숙인이 생기진 않을 것입니다. 하지만 국가뿐만 아니라 많은 사람들이 노숙인의 삶을 외면하면 노숙인은 다른 사람들이 쉽게 누리는 일상을 경험하지 못할 것입니다.

노숙인은 경제적인 어려움을 겪을 뿐만 아니라 범죄의 대상이 되기도 합니다. 아무도 관심을 가지지 않기 때문에 노숙인은 범죄를 당해도 제대로 보호를 받지 못합니다. 결국 가난한 사람이 범죄를 저지르는 것이 아니라 가난하므로 범죄 피해자가 되는 것입니다.

최근 우리나라에서는 자신이 가진 돈을 기준으로 자신보다 가난한 사람들에게 함부로 대해도 된다고 생각하는 사람들이 생겨났습니다. 그들은 자신이 돈을 쓰기 때문에 돈을 받는 식당이나 판매점 등에서 일하는 종업원을 멸시해도 된다고 믿습니다. 하지만 돈이 많다고 해서 다른 사람을 업신여기고 함부로 대할 권리를 가진 사람은 아무도 없습니다. 돈이 많다고 다른 사람의 권리를 침해해도 되는 건 아니기 때문입니다.

  누구나 인간답게 살 수 있도록 일정한 소득을 얻고 일할 기회를 얻는 것은 기본적인 인권입니다. 가난하든 부유하든 사회 구성원으로 동등한 대접을 받고 목소리를 낼 수 있어야 합니다.

장애가 장벽이 되어선 안 돼요

　대중교통을 이용하는 순간을 생각해 봅시다. 보통 1분이면 지하철을 탈 수 있는데 무려 18분 이상의 시간이 필요하다면 어떨까요? 게다가 지하철역으로 들어가기 위해 계단을 오르내릴 때 목숨을 잃을 수도 있습니다. 버스를 타려 해도 전체 버스 중 절반은 아예 이용할 수 없으며, 그마저도 승객이 많을 땐 탈 기회조차 없습니다. 오랜 기다림 후에 간신히 버스를 탈 때도 모든 사람의 불편한 시선을 받아야 하고요. 여러분은 다른 사람들과 동등하게 버스와 지하철을 이용하고 있다고 말할 수 있을까요? 인간으로서 기본적인 권리인 자유롭게 이동할 권리를 누리고 있다고 말할 수 있을까요?

　위에서 설명한 상황은 대부분의 휠체어 장애인들이 겪는 일입

니다. 그것도 장애인들이 끊임없이 요구해서 그나마 나아진 상황입니다. 불과 몇십 년 전만 해도 장애인들은 대중교통을 이용할 수 없었고 대부분 집 밖을 나가 볼 수조차 없었습니다. 지금은 변했다고 하지만 여전히 많은 장애인이 단순히 버스나 택시를 타서 원하는 곳으로 가려고 해도 남들보다 훨씬 오랜 시간이 걸립니다. 게다가 대중교통을 이용하다가 다칠 위험도 있고 수많은 사람의 불편한 시선도 견뎌야 하죠.

장애인들은 교육을 받는 일도 어렵습니다. 장애인을 위한 교육 환경이 제대로 갖추어지지 않았기 때문이죠. 장애 특성에 맞게 제작한 교과서나 교육 프로그램이 부족하고, 학교를 설계할 때부터 장애 학생을 고려하지 않아 장애인을 위한 시설이 없는 경우도 많습니다.

그러다 보니 장애인은 우리나라 인구의 5%가 넘지만 전체 대학생 중에 장애가 있는 학생은 0.4%에 불과합니다. 장애인이 공부할 기회가 없었다는 걸 보여 주는 수치죠.

장애인들은 직업을 갖는 것도 거의 불가능합니다. 2022년 기준 직업을 가지고 일을 하는 장애인은 전체 일하는 사람들의 1.38%에 불과합니다. 장애인을 의무적으로 고용해야 한다는 법은 있지만 실제로 장애인을 고용하는 회사가 거의 없기 때문입니다. 결국 능력이 있어도 장애인이라는 이유로 직장을 구하지 못

하는 장애인이 대부분입니다.

　우리 사회에서 장애인은 그냥 불쌍하고 도움을 줘야 할 사람들로 취급받습니다. 많은 사람이 장애인의 능력을 인정하지 않으며 사회 구성원으로서 역할을 할 수 없다고 생각합니다. 그래서 장애인을 동정의 눈으로 바라보는 사람들도 장애인이 비장애인과 똑같은 권리를 달라고 요구하면 바로 외면합니다.

　장애인에 대한 차별이 사라지려면 장애인을 불쌍하게 보거나 투명 인간처럼 대하는 것에 반대해야 합니다. 장애인이 비장애인과 똑같이 살아가려면 똑같은 권리를 누릴 수 있어야 합니다. 비장애인은 장애인의 권리를 막는 장벽이 되어서는 안 됩니다.

피부색이 다르다고 차별하면 안 돼요

여러분은 예전 크레파스 색깔 중에 살색이 있었다는 걸 알고 있나요? 지금은 살색이란 말 대신 연살구 또는 연주황색으로 부릅니다. 이렇게 색깔 이름이 바뀐 이유는 살색이라는 표현이 피부색에 대한 차별이기 때문입니다.

여러분의 피부는 어떤 색깔인가요? 한 번 가족들과 나의 피부색을 비교해 보세요. 나와 가족의 피부색은 모두 똑같나요? 그렇지 않습니다. 가족 중에 나보다 피부색이 밝은 사람도 있고 어두운 사람도 있습니다. 또 나보다 더 붉은빛이 도는 피부를 가진 사람도 있을 것입니다. 반 친구들의 피부색도 살펴보세요. 친구마다 피부색이 다르지 않나요?

주변 친구들의 피부색이 다 다른 것처럼 세계에 사는 사람들의

어울리는 색으로 칠해 보세요

피부색도 제각각입니다. 누군가의 피부색은 초콜릿색이고, 누구는 연한 붉은색이며, 누구는 푸른빛을 띠기도 합니다. 이렇게 사람들의 피부색은 저마다 다른데 한 가지 색을 살색이라고 부르는 것은 다양성을 인정하지 않는 거니 사라졌던 거죠.

피부색은 사람들이 가진 여러 가지 면 중 하나일 뿐입니다. 하지만 어떤 사람들은 피부색으로 사람을 구분하고 차별하기도 합니다. 그들은 피부색으로 인종을 나누고 인종에 따라 지능이나 신체 능력이 다르다고 생각합니다. 그러니 다르게 대우해도 된다고 이야기하죠. 특히 아프리카에서 살던 흑인들을 잡아다 자기들 마음대로 노예로 부려 먹었던 서양 사람들은 흑인이 백인보다 지능이나 신체 능력이 떨어진다고 여겼습니다. 흑인과 백인은 같은 인류가 아니라 아예 다른 종이라고 믿기도 했죠. 그렇지만 모든 인류는 피부색과 상관없이 유전자 구성이 99.9% 같은 하나의 종입니다.

이제는 우리나라에서도 다양한 피부색의 사람들을 만날 수 있습니다. 피부색뿐만 아니라 우리나라와 다른 문화의 사람들도 손쉽게 볼 수 있죠. 그리고 엄연한 한국인이지만 피부색이 다른 사람도 있습니다. 세계 여러 나라의 사람들이 오고 가면서 우리나라 안에도 다양한 피부색과 문화를 가진 사람들로 넘쳐 나고 있는 것입니다.

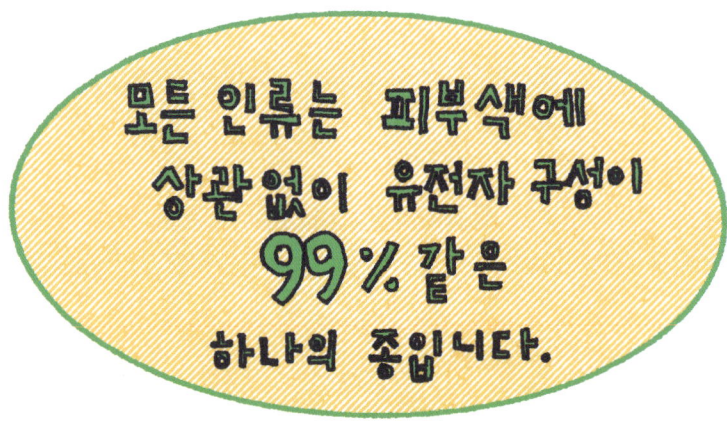

모든 인류는 피부색에 상관없이 유전자 구성이 99% 같은 하나의 종입니다.

나와는 다른 피부색과 문화를 가졌다고 함부로 대하거나 이해 못할 행동을 한다고 비난하는 것은 차별입니다. 우리는 그냥 성격도 외모도 다른 사람들일 뿐입니다.

혐오 표현이 뭘까?

　혐오 표현은 인종, 민족, 성별, 종교, 나이, 학력 등을 구별하여 다른 사람을 공개적으로 공격, 비난, 협박하는 모든 말과 행동을 말합니다. 인종 차별이 심하던 시절에 백인이 흑인을 깜둥이(Negro)라고 불렀던 것이 바로 대표적인 혐오 표현 중 하나입니다.

　요즈음 인터넷 안에서 혐오 표현을 사용하는 사람들이 늘고 있습니다. 그들은 단순히 재미나 호기심으로 사용하는 표현일 뿐이라고 하지만, 혐오 표현은 특정 사람이나 집단을 존중하지 않으며 모욕하는 것이므로 명백히 인권 침해입니다. 세상 누구도 다른 사람에게 혐오 표현을 사용하면 안 됩니다. 특정 사람이나 집단을 모욕하기 위한 권리를 가진 사람은 아무도 없습니다. 인터넷 등에서 어린이, 남성, 여성, 노인 등 특정 대상을 지칭해서 유행처럼 사용하는 말 중에도 혐오 표현이 많습니다. 그래서 여러분도 아무 생각 없이 혐오 표현을 사용하게 될지 모릅니다. 인터넷에서 유행하는 말을 보면 그대로 따라 하기 전에 말뜻을 정확히 파악한 후에 사용하는 것이 좋습니다.

어린이에게도 권리가 있어요!

나에게도 사생활이 있어요

"부모님이 내 일기를 몰래 봐서 너무 화가 났어요."

"부모님이 휴대폰으로 위치 추적이 되는 앱을 깔아서 너무 갑갑해요."

"저는 한 시간마다 부모님께 전화로 보고해야 해요."

자신의 일거수일투족을 살펴보는 부모님 때문에 힘들다고 이야기하는 친구들이 있습니다. 여러분은 어떤가요? 부모님께 내 모습을 전부 자신 있게 드러내나요? 아니면 부모님에게 알리고 싶지 않은 비밀이 있나요?

"잘못한 것도 없는데 왜 공개하는 걸 꺼려?"

이렇게 말하는 친구도 있을 것입니다. 하지만 뭔가 잘못한 일이 없어도 부모님에게 알려지지 않기를 바라는 게 있습니다. 일기장

속에서 솔직하게 풀어놓은 감성을 부모님에게 하나하나 알리고 싶지 않습니다. 학교 끝나고 어디 가고 있는지 부모님이 전부 꿰고 있다면 뭔가 감시당하는 기분이 듭니다. 부모님에게 모든 일을 보고해야 한다면 내가 스스로 생각하고 판단하는 능력이 없는 사람처럼 느껴집니다. 나에게는 누구에게도 알리고 싶지 않은 비밀과 스스로 처리하고 싶은 일이 있는 법입니다. 그런데 만약 여러분의 비밀이 친구들이나 사람들 앞에서 모두 공개된다면 어떨까요? 마치 벌거벗고 사람들 앞에 나서는 것처럼 느껴지지 않을까요?

내가 하는 말이나 행동을 누군가 허락 없이 휴대폰으로 촬영하여 다른 사람이 볼 수 있도록 SNS 등에 올린다면 항상 감시당하는 것 같아 자유롭지 못할 것입니다. 만약 교실이나 학원에 CCTV가 설치되어 있어서 여러분의 생활 모습을 모두 촬영한다면 하고 싶은 말이나 행동을 마음껏 하지 못할 것입니다.

사생활이 보호되어야 하는 이유가 여기에 있습니다. 자유롭게 살아가야 할 공간이 다른 사람들에게 공개되거나 감시를 받게 된다면 사람들은 창살 없는 감옥에 있는 것처럼 느껴질 것입니다. 자유를 박탈당해서 하고 싶지 않은 일도 억지로 해야 할지도 모르고요.

"저는 사생활 공개하는 걸 좋아해요. 그래서 인터넷에 제 모습을 자꾸 올려요!"

이렇게 자신의 사생활을 공개하는 것을 좋아하는 친구도 분명 있습니다. 그렇다고 해서 다른 사람의 사생활을 공개해도 되는 것은 아닙니다. 나의 사생활을 공개하거나 공개하지 않는 것의 선택은 누구도 아닌, 나 자신이어야 합니다.

속마음을 담은 일기를 다른 사람이 보게 놔두냐 아니냐의 선택도, 내 모습을 찍은 사진을 SNS에 올리느냐 아니냐의 선택도 모두 자신이 결정할 수 있어야 합니다. 그래서 학교에서도 교실에서 찍은 학생들의 사진을 함부로 다른 곳에 공개하지 않습니다.

어른들도 어린이의 사생활을 공개할지 말지를 결정하기 전에 반드시 당사자인 어린이의 의견을 물어봐야 합니다. 어린이의 사생활도 어른의 사생활과 똑같이 존중받아야 하는 거죠. 게다가 단순히 공개 여부를 묻는 것에 그칠 게 아니라 사생활을 공개했을 때 일어날 수 있는 일에 대해서도 구체적으로 알려 주어야 합니다.

어린이도 함부로 사진을 촬영하는 것에 반대 의사를 분명하게 해야 합니다. 또한 친구들의 사진이나 영상을 인터넷 등에 올릴 때는 친구의 허락을 제대로 받아야 하고요. 마지막으로 여러분과 친구들이 알고 싶지 않은 일까지 과도하게 파고들려고 하는 어른이 있다면 이렇게 말해 주세요.

"우리에게도 사생활이 있어요. 허락 없이 제 사생활을 공개하거나 간섭하지 말아 주세요!"

나도 공부하고 쉬고 놀 시간을 정할 수 있어요

"한 명의 어린이, 한 명의 선생님, 한 자루의 펜, 한 권의 책은 세계를 모두 바꿀 수 있습니다. 교육이 유일한 해결책입니다."

어린 소녀 말랄라 유사프자이가 한 말입니다. 유사프자이가 살고 있던 파키스탄에서 여성은 교육을 받을 수 없었습니다. 하지만 유사프자이는 위협을 받는 상황에서도 모든 어린이가 배울 수 있어야 한다고 목소리를 높였습니다. 제대로 된 교육을 받는 것은 모든 어린이가 반드시 누려야 할 권리이기 때문입니다. 그런데 어린이들에게는 교육받을 권리만큼 매우 중요한 권리가 또 있습니다. 바로 충분히 쉬고 놀 수 있는 권리입니다.

"공부할 권리와 쉴 권리는 서로 반대되는 것 아닌가요?"

여러분 중에는 이렇게 말하는 사람도 있을 것입니다. 정말 공부

할 권리와 쉴 권리는 서로 반대될까요? 아닙니다. 인권에서 말하는 교육은 그냥 배우는 것이 아니라 제대로 교육을 받는 것을 말합니다. 여기서 말하는 교육은 억지로 배우는 공부가 아닙니다. 밤 열 시가 넘도록 학원에 있다가 집에서도 엄청난 양의 숙제를 하고 시험 기간에는 밤을 새야 하는 공부, 대학에 합격하기 위한 입시 공부가 아닌 거죠.

인권에서 말하는 교육은 인간답게 존중받으며 사는 걸 배우는 것입니다. 또한 교육 공간에서 세상을 살아가는 지혜를 배울 뿐만 아니라 충분히 쉬고 스스로 생각하여 문제를 해결해 나가는 것도 익힙니다. 서로가 협력하여 문제를 해결하고 함께 성장하는 교육, 서로의 다른 점을 인정하고 존중하는 교육, 자유와 평등, 인간의 존엄성과 평화에 대해서 배우는 교육, 결국 세계 시민의 역할을 배울 수 있는 교육을 추구합니다. 그러므로 교육받을 권리와 휴식을 취하고 놀 권리는 서로 반대되는 것이 아니라 함께 나아가야 할 권리입니다.

말랄라 유사프자이가 사는 파키스탄의 어린이들은 마음껏 배우지 못하지만, 한국의 어린이들은 너무 많은 것을 억지로 배우느라 마음껏 쉬지 못하고 있습니다. 억지로 배우는 것은 어린이에게 큰 도움이 되지 않습니다. 스스로 공부하는 방법을 익히는 게 아니라 어른에 의해 계획되고 준비된 학습을 그저 따라 하는

것이기 때문입니다.

"문제지 다섯 장 이상 풀어야 놀 수 있어!"라고 말하는 어른 앞에서 어린이는 공부의 즐거움을 스스로 느낄 수 없을 것입니다. 오히려 "오늘 공부할 것과 재밌게 놀 것을 스스로 계획해 봐"라며 기회를 준다면 어린이들은 점차 배우는 즐거움을 느낄 수 있을 것입니다. 또한 충분한 휴식 시간에 친구들과 어울리면서 서로 이해하고 배우는 과정을 통해 어린이는 함께 성장할 수 있습니다.

스스로 공부하고 스스로 놀 줄 아는 어린이가 자기 삶의 주인이 될 수 있습니다. 여러분도 무조건 공부하라고 말하는 어른들에게 이렇게 당당히 외쳐 보면 어떨까요?

"공부하는 시간도 노는 시간도 스스로 정해 보고 싶어요!"

나도 할 말이 있어요

"당신이 변화를 일으키기에 절대 작지 않다는 것을 나는 알게 되었습니다."

환경 운동가 그레타 툰베리의 말입니다. 툰베리는 열다섯 살 때부터 환경 운동을 시작했습니다. 지구 온난화에 따른 기후 변화의 위험을 피부로 느꼈기 때문이죠. 툰베리는 모든 인류에게 큰 영향을 끼치는 환경 파괴에 침묵할 수 없었습니다. 그래서 세상 사람들에게 환경 파괴를 멈추라고 목소리를 냈습니다.

어른도 하기 힘든 환경 운동을 어린 나이에 하다니 정말 대단하죠? 여러분은 그레타 툰베리처럼 잘못된 세상이나 주변의 문제에 대해 목소리를 높일 수 있나요?

"어른들에게 잘못된 점에 관해 이야기해도 내 이야기를 들어

주지 않아요."

"우리가 말한다고 해서 세상이 바뀔까요?"

여러분 중에 많은 친구가 이렇게 대답할 것입니다. 그런데 만약 여러분의 목소리를 아무도 들어 주지 않았다면, 매우 소중한 인권인 참여권을 누리지 못하고 있는 것입니다. 모든 사람은 자신이 처한 문제나 자신과 관계된 일에 대해 의견을 말할 수 있어야 하는데 그것은 어린이들도 마찬가지입니다.

"학급 회의에서 의견을 말해도 무시당해요."

"가족회의를 해 봤자 결국 결정은 부모님이 해요."

이런 상황에 부닥치면, 어린이들은 자신의 의견을 말하지 못하고 자기와 관련된 일에도 참여하지 않습니다. 어린이도 참여권을 누리려면 어른들은 어린이에게 의견을 물어보고 무시하지 말아야 합니다. 또한 어린이가 스스로 다양하게 생각을 표현할 수 있도록 여러 문제에 어떻게 참여할 수 있을지 알려 줘야 합니다.

"어른들이 하는 말은 너무 어려워서 의견을 내기 겁나요."

이런 생각을 하는 것은 당연합니다. 자기 생각이나 의견을 말하기 위해서는 제대로 알고 있어야 하기 때문입니다. 그래서 어른들은 어린이가 의견을 내기 전에 충분히 쉬운 말로 정보를 제공해야 합니다.

나 혹은 우리와 관계된 문제를 해결하기 위해서 어린이들은 서로 힘을 모으고 목소리를 높일 수 있어야 합니다. 환경을 지키고 싶은 어린이들이 모이고, 왕따가 없는 학교를 원하는 어린이들이 모일 수 있다면 어른들은 어린이의 목소리에 좀 더 귀를 기울일 것입니다. 어른들은 어린이가 모임을 만들고 활동할 수 있도록 지원해 줄 필요가 있고요.

그레타 툰베리의 말처럼 여러분은 주변의 문제를 해결하고 세상을 변화시킬 힘을 가지고 있습니다. 그 힘은 여러분이 목소리를 내고 세상을 바꾸는 데 참여할 수 있는 기회가 많아질수록 점점 더 커질 것입니다. 그러니 여러분도 문제 앞에서 주저하지 않고 목소리를 내 보세요!

"나도 할 말이 있어요! 내 이야기에 귀 기울여 주세요!"

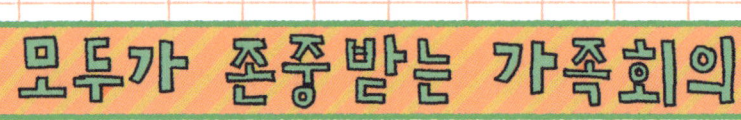

말도 폭력이 돼요

"꽃으로도 어린이를 때리지 마라!"

이런 말을 들어 본 적이 있나요? 아무리 약한 꽃이라도 그것으로 다른 사람에게 폭력을 행사해서는 안 된다는 말입니다. 특히 피해를 보는 대상이 어린이라면 더욱 큰 문제겠죠. 어린이는 어른보다 몸도 약하고 쉽게 다칠 수 있으므로 폭력에서 가장 먼저 보호되어야 합니다. 그런데 불행히도 어린이를 향해 폭력을 행사하거나 밥을 굶기고 내쫓는 등의 학대 사건은 매우 자주 일어나고 있습니다.

2022년 한 해 동안 아동 학대로 처벌을 받은 사람들은 1,406명입니다. 처벌받은 어른들은 어린이들이 "낮잠을 안 자서", "밥을 안 먹어서", "화장실 이용을 잘 못해서" 등 자라나는 어린이들이 배우고 익혀야 할 행동을 제대로 못했다는 이유로 학대했습니다. 이렇게 학대당하다가 끝내 사망한 어린이도 2022년 한 해 동안 50명이나 됩니다.

어린이를 학대하는 어른은 대부분 어린이가 잘못을 저질렀다고 변명합니다. 소위 맞을 짓을 했다고요. 하지만 세상에 맞을 짓이란 게 있을까요? 잘못된 행동은 지도와 교육으로 해결해야지, 무자비한 폭력으로 바꿀 수는 없습니다.

아프리카 나이지리아 속담에 "한 아이를 키우는데, 온 마을이 필요하다"라는 말이 있습니다. 아이가 성장하는 데는 어른뿐만 아니라 사회나 국가가 교육과 생활에 대한 지원을 끝없이 해야 한다는 것입니다. 어른도 마찬가지로 어린이를 키우는 방법에 대해 교육을 받아야 하고 국가와 사회는 어린이가 부당한 대우를 받고 있지는 않은지 제대로 살펴봐야 합니다.

2019년, 서울에서 한 전시회가 열렸습니다. 〈그리다 100가지 말 상처〉라는 제목의 전시회였는데, 전시장에는 어린이가 상처 입는 말에 대해서 어린이가 직접 그린 그림이 전시되었습니다.

"너 때문에 못 살겠다", "널 왜 낳았는지 모르겠다", "넌 대체 누굴 닮아서 이러니?", "너 커서 뭐가 되려고 이래?", "공부도 못하는 게!", "너 같은 애는 내 자식도 아냐"와 같은 말을 들은 어린이들이 눈물을 쏟거나 공포에 질린 모습을 그림 안에 담았습니다. 그림에서 표현된 것처럼 어린이들은 벌을 받거나 매질을 당하는 게 아닌, 어른의 말로도 두려움과 공포를 느낍니다.

어린이는 폭력과 학대에서 보호받아야 합니다. 그리고 이것은 단순히 신체적인 폭력과 학대만을 이야기하는 것이 아닙니다. 말로 하는 폭력, 눈에 보이지 않는 폭력도 어린이의 마음을 병들게 합니다.

꽃으로도 때리지 말아야 하고 말로도 때리지 말아야 합니다.

세상의 모든 어린이는 비록 잘못했다 하더라도 폭력적인 수단이나 상처 주는 말 대신 존중받을 권리가 있답니다.

유엔 아동 권리 협약은 무엇일까?

　유엔 아동 권리 협약은 18세 미만의 어린이와 청소년의 인권을 보장하기 위한 국제 약속으로 1989년 11월 20일, 유엔 가입국의 만장일치로 채택되었습니다.

　현재 이 국제 협약에 비준한 나라는 196개국입니다. 비준은 협약이나 조약을 잘 이행하겠다고 동의하는 것을 말합니다. 우리나라는 1991년 이 협약에 비준했습니다. 유엔 아동 권리 협약은 총 54개 조항으로 구성되어 있으며 크게 어린이와 청소년의 생존권, 보호권, 발달권, 참여권에 대한 구체적인 약속이 담겨 있습니다.

　유엔 아동 권리 협약은 전 세계의 어린이와 청소년이 어른이나 부모의 소유가 아니라 존중받는 인간으로서 권리를 누려야 한다는 것을 밝혔다는 점과 어린이와 청소년이 단지 보호의 대상만이 아니라 자기 삶의 주인으로 살아야 한다는 것을 밝혔다는 점에서 그 의의가 매우 큽니다.

인권 문제, 이렇게 해결해요!

인권은 매우 중요하고 모든 사람이 누려야 할 권리이지만, 세상에는 여전히 인권이 지켜지지 않는 나라가 많습니다. 우리나라에서도 여전히 인권 침해가 일어나는 일이 있고요. 특히 어린이는 어른보다 인권 침해를 당하는 경우가 많습니다.

만약 여러분 주변에서 인권 문제가 발생한다면 여러분은 어떻게 해야 할까요? 어른에게 도움을 청하는 방법도 있겠지만 스스로 문제 해결을 위해 나설 수도 있습니다. 인권이 보장받는 사회를 위해 내가 할 수 있는 일은 무엇일까요? 다양한 인권 문제는 어떻게 해결하면 좋을까요? 한번 살펴봅시다.

🌿 내가 얼마나 소중한 사람인지 잊지 마세요

세상 모든 사람은 소중합니다. 누구도 하찮은 사람이 없습니다. 여러분 중 그 누구도 무시당할 이유는 없습니다. "나는 보잘것없는 사람이야", "우리가 뭘 할 수 있겠어" 이런 생각을 가지고 있다면 이제부터 그 생각을 멀리 걷어차 버리세요.

여러분은 온 세상에서 하나뿐인 매우 소중한 사람입니다. 여러분의 친구도 마찬가지로 소중하죠. 모두가 소중하게 여겨지는 세상이 바로 인권이 보장받는 세상인 겁니다. 그러니 가장 먼저 여러분 자신이 소중한 사람이라는 것을 잊지 마세요. 이것이 바로 인권 보장을 위해 여러분이 첫 번째로 할 수 있는 일입니다.

🌿 학교나 학급 규칙에서 인권 침해가 일어나는 부분을 찾아봐요

학교나 학급에서 만들어진 규칙도 완벽하지 않습니다. 어떤 규칙들은 예전에 만들어서 인권을 반영하지 않은 경우도 있고요.

차별하거나 어린이의 권리를 보장하지 않는 학교 규칙이 있다면 찾아서 바르게 고쳐야 합니다. 어른들만 고칠 수 있는 것은 아니니까요. 만약 학교 규칙을 만들 때 어린이가 의견을 낼 수 없다면 이것도 인권을 보장받지 못하는 거예요. 그러니 용기를 내서 친구들과 학교 규칙, 학급 규칙이 제대로 만들어졌는지 꼼꼼히 살펴보는 일부터 시작해 보세요.

🌿 주변 시설이 모든 사람을 위해 만들어졌는지 살펴보세요

학교에서 공부하고 공원에서 휴식을 취하며 버스와 지하철을 탈 때, 그냥 지나치지 말고 어린이에게 불편한 부분은 없는지 살펴보세요. 생각보다 어린이를 배려하지 않고 어른들 입장에서 만든 시설이 많거든요. 어린이에게 불편한 시설이 있는지 찾아보기 시작해서 다른 사람들에게도 불편한 점은 없는지 생각해 보세요. 학교는 장애인 학생들에게 편리한 시설일까? 공원은 외국에서 온 학생들에게 친절한 곳일까? 버스와 지하철은 키가 작은 아이들이 이용하기에 안전할까? 이렇게 말이에요. 주변 시설이 인권을 생각하고 만들었는지 살펴보면 생각보다 많은 문제를 발견할 수 있어요.

🌿 학교에서 다르다는 이유로 차별하는 것에 맞서세요

성격이 소극적이라는 이유로, 너무 뚱뚱하거나 말랐다는 이유로, 집이 가난하다는 이유로, 장애가 있거나 피부색이 다르다는 이유로 학교에서 따돌림이나 괴롭힘을 당하는 친구들이 있어요. 세상 모든 사람은 다 다르며, 달라서 차별받지 말아야 한다고 생각하면 먼저 학교와 교실에서 일어나는 차별에 맞서야 해요. 차별에 맞서서 "차별하는 건 잘못된 일이야!"라고 용기 있게 말한다면, 혹시 여러분이 차별받는 경우가 생겨도 다른 친구들이 힘이 되어 줄 거예요.

🌿 개인 정보나 사생활이 침해되는 일이 없는지 잘 살펴요

내 이름과 집 주소, 주민 등록 번호처럼 개인 정보는 함부로 다른 사람에게 공개되어서는 안 돼요. 그런데 요즘은 인터넷이 발달한 세상에서는 너무나도 쉽게 개인 정보를 요구하는 곳이 많아졌어요. 그러니 혹시 꼭 필요하지 않은데도 여러분의 개인 정보를 요구하는 것은 아닌지 잘 살펴야 해요. 또 내 모습이 담긴 사진이나 영상은 나 모르게 사용되어서는 안 돼요. 여러분의 사생활이 허락 없이 공개되는 건 아닌지 주의 깊게 살펴야 해요. 마찬가지로 여러분도 다른 사람의 개인 정보를 쉽게 생각하거나 다른 사람의 동의 없이 사진을 찍고 인터넷에 올리는 일을 하지 않으려고 노력해야 해요. 개인 정보와 사생활은 모두가 함께 지켜야 하는 중요한 인권이니까요.

🌿 세계 여러 나라의 인권 문제에 관심을 가져요

주변에 해결할 인권 문제가 없고 여러분이 인권을 제대로 보장받고 있다고 해서 세상 모두의 인권 문제가 해결된 것은 아니에요. 우리가 알지 못하는 곳에서 언제나 인권 문제가 생길 수 있기 때문이죠. 누구나 인권을 보장받는 사회가 만들어지려면 우리나라 곳곳, 세계 여러 나라에서 일어나는 인권 문제에 관심을 가져야 해요. 사람들이 관심을 가지고 인권 문제에 목소리를 높이면 세계의 인권은 더 나은 방향으로 흘러가요. 관심은 큰 힘이니까요.

세계적인 인권 운동 단체인 앰네스티는 억울하게 잡혀 있는 사람들의 석방을 위해 그 나라의 정부에 편지를 보내요. 편지를 부내 "우리는 당신네 나라이 인권 문제가 신가함을 느끼고 관심을 가지고 지켜보고 있다"는 것을 전 세계에 보여 주는 것이죠. 이 단순해 보이는 행동만으로도 수많은 사람이 감옥에서 풀려나 자유를 누릴 수 있게 되었어요.

그러니 여러분도 시작해 보세요. 세계의 인권 문제에 관심을 가지면 모든 사람이 인권을 누리는 세상은 더욱 가까워질 거예요.

🌿 인권 문제를 널리 알리는 모임을 만들어요

인권에 관심을 가지는 친구들과 모임을 만들어 보세요. 한 사람만 있으면 문제를 해결하기가 쉽지 않아요. 하지만 같은 고민을 하는 친구들이 여럿 모이면 다양한 생각으로 문제를 풀어 나갈 수 있어요.

'학교 앞 건널목에 신호등을 만들기 위한 모임, 어린이가 안전하게 놀 수 있는 놀이터를 위한 모임, 나이에 따라 도서 대여에 차별을 두는 도서관의 규칙을 바꾸는 모임' 등 문제를 해결하기 위한 모임을 만들고 해결 방법을 찾아보는 거예요.

이렇게 모임을 만들고 함께 도와줄 수 있는 부모님이나 선생님이 있는지도 살펴보면 분명 어른들도 여러분과 함께 문제 해결에 힘을 모을 거예요.

🌿 SNS를 이용해 널리 알려요

인터넷이 발달하면서 SNS에 정보가 넘치는 세상이 되었어요. 인권 문제도 SNS를 이용하면 효과적으로 관심을 모을 수 있어요. 인권 문제에 대한 짧은 영상이나 그림을 올리는 것만으로도 사람들의 관심과 참여를 높일 수 있어요. 그런데 이런 행동을 하기 전에 생각해야 할 것이 있어요. 인권 문제를 알리는 것도 인권을 존중해야 한다는 점이에요. 어떤 사람의 개인 정보를 노출하거나 제대로 된 근거 없이 SNS에 문제 있다고 내용을 올리는 것은 하지 말아야 해요.

🌿 국가 인권 위원회에 인권 침해 사실을 알려요

국가 인권 위원회를 알고 있나요? 국가 인권 위원회는 우리나라 인권 문제 해결을 위해 만들어진 독립적인 국가 기관이에요. 여러분이 만약 인권을 침해당하는 일을 겪는다면 국가 인권 위원회에 해결해 달라고 요청할 수 있어요. 국가 인권 위원회에서는 여러 가지를 조사하고 검토해서 인권 침해 사실을 파악한 뒤 여러분이 인권 문제를 해결하는 데 많은 도움을 줄 수 있어요.

🌿 서명 운동을 해요

서명 운동은 어떤 단체나 모임의 주장을 홍보하고 그런 생각을 가진 사람들이 많다는 것을 알리기 위한 행동이에요. 해결하고 싶은 인권 문제가 있다면 이것을 알리고 해결하기 위해 사용할 수 있는 방법이에요. 예를 들어 학교 급식 메뉴를 정하는 데 학생들의 의견도 넣고 싶다면 '학교 급식 메뉴 선정에 학생 의견 반영'을 위한 서명 운동을 할 수 있어요. 서명에 동의하는 학생들의 이름을 적은 서명 용지를 학교에 전달한다면 한 사람이 아니라 많은 학생의 의견을 전달하는 셈이에요. 그럼 어른들이 여러분의 생각을 좀 더 관심 있게 들어 볼 수 있을 거예요.

🌿 인권 보장을 위한 캠페인을 벌여요

학교에서 왕따나 차별 문제를 해결하기 위해 캠페인을 벌일 수 있어요. 손 팻말 등에 해결하고 싶은 인권 문제를 적고 사람들에게 널리 알리는 것이죠. 캠페인은 사람들에게 함께 문제를 해결하자고 제안하는 방식이라서 학생들이 하기 쉽고 다른 사람들의 호응도 얻을 수 있어요. 하지만 이런 캠페인을 하기 위해서는 미리 장소나 시간 참여 인원 등을 학교나 해당 장소의 책임자에게 알려야 해요.

🌿 인권을 위한 시민 단체를 후원해요

인권 문제를 해결하고 싶은 마음은 많지만 직접 나설 용기가 없다면 자신이 관심 있는 인권 문제를 해결하기 위해 노력하는 시민 단체를 찾아보세요. 그리고 그 단체의 활동을 위해 후원금을 내는 방법도 있어요. 인권 문제 해결을 위해 활동하는 시민 단체는 대부분 정부에 지원받지 않기 때문에 사람들의 후원이 없다면 활동을 중단할 수밖에 없어요. 적은 돈이라도 모아 인권을 위한 시민 단체에 후원금을 보내면 인권 문제 해결을 위해 소중하게 쓰일 거예요.